CHRISTINA STEINLEIN besuchte die Deutsche Journalistenschule und studierte Journalistik, Biologie und Grundschulpädagogik. Sie arbeitet als Autorin und unterrichtet an einer Grundschule in München.

MIEKE SCHEIER wurde 1986 in einem kleinen Dorf zwischen Osnabrück und Oldenburg geboren. Nach einem Kulturwissenschaftsstudium in Freiburg zog sie nach Hamburg, um an der HAW Illustration zu studieren. Mieke lebt und arbeitet als freie Illustratorin in Hamburg.

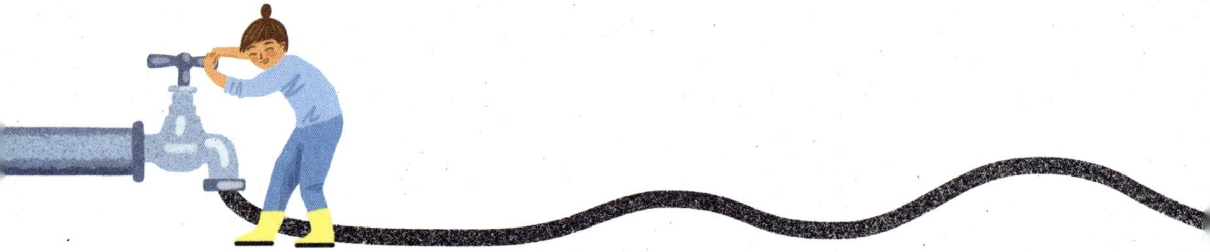

RECYCLED
Papier aus Recyclingmaterial
FSC® C089473

Dieses Buch wurde umweltfreundlich ausgestattet. Es verzichtet auf eine Folienkaschierung und wurde mit mineralölfreien Cradle-to-Cradle-zertifizierten Druckfarben auf 100%-Recyclingpapier gedruckt.

Dieses Buch ist erhältlich als:
ISBN 978-3-407-75565-0 Print

Beltz Verlagsgruppe GmbH & Co. KG
Werderstraße 10, 69469 Weinheim
service@beltz.de

Innen- und Einbandgestaltung und Illustrationen: Mieke Scheier
Herstellung: Elisabeth Werner
Druck und Bindung: Beltz Grafische Betriebe, Bad Langensalza
Beltz Grafische Betriebe ist ein Unternehmen mit finanziellem Klimabeitrag (ID 15985-2104-1001).
Printed in Germany
7 8 9 10 11 29 28 27 26 25

Weitere Informationen zu unseren Autor:innen und Titeln finden Sie unter: www.beltz.de

CHRISTINA STEINLEIN
MIEKE SCHEIER

OHNE Wasser GEHT NICHTS!

ALLES ÜBER DEN WICHTIGSTEN STOFF DER WELT

BELTZ
& Gelberg

OHNE WASSER WÄREN WIR NICHT HIER.

Wasser ist die Grundlage allen Lebens – ohne Wasser geht nichts. Tag für Tag begegnet es uns überall. Wir trinken es, wir waschen unsere Hände damit und kaufen Dinge, in denen es steckt. Oft nehmen wir es gar nicht wahr. Weil es normal erscheint, dass es Wasser gibt.

WIR VERBRAUCHEN ÜBER 120 LITER TRINKWASSER AM TAG.

Das sind etwa so viele Wasserflaschen:

4 Liter für Trinken und Kochen

12 Liter für Hände waschen und Zähne putzen

20 Liter für Wäsche waschen

30 Liter für Duschen

40 Liter für die Toilettenspülung

Außerdem verbrauchen wir Wasser beim Geschirrspülen, beim Wässern von Pflanzen ...

OHNE WASSER FUNKTIONIERT IM MENSCHLICHEN KÖRPER GAR NICHTS.

Menschliche Körper bestehen zum größten Teil aus Wasser. Bei Kleinkindern sind es etwa zwei Drittel, bei Erwachsenen weniger.

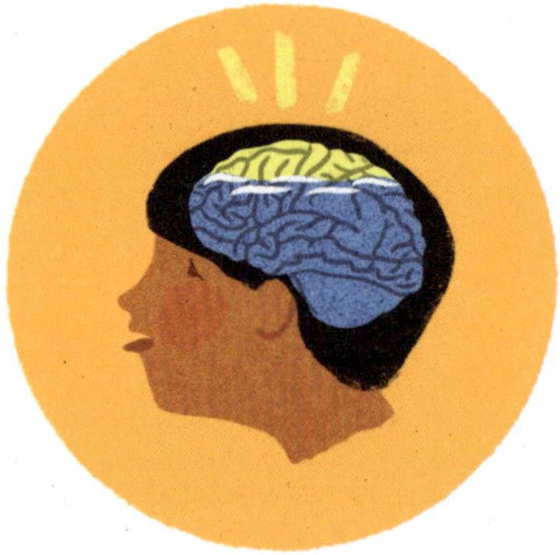

Das Gehirn besteht zu 70 bis 90 Prozent aus Wasser. Haben wir Durst und trinken nichts, leiden Konzentration und Gedächtnis. Damit das nicht passiert, sorgt ein Teil des Gehirns, der Hypothalamus, dafür, dass wir durstig werden.

TRANSPORT

1 Alle Organe brauchen Wasser, um zu funktionieren. Über die **Lunge** atmen wir Wasser aus. Das kann man beobachten, wenn man eine Glasscheibe anhaucht und sie beschlägt.

KÜHLUNG

4 Das Schwitzen dient dem Körper als Klimaanlage: Bei Fieber, Anstrengung oder großer Hitze geben die **Schweißdrüsen** Feuchtigkeit ab. Der Schweiß verdunstet auf der Haut und kühlt sie dadurch ab.

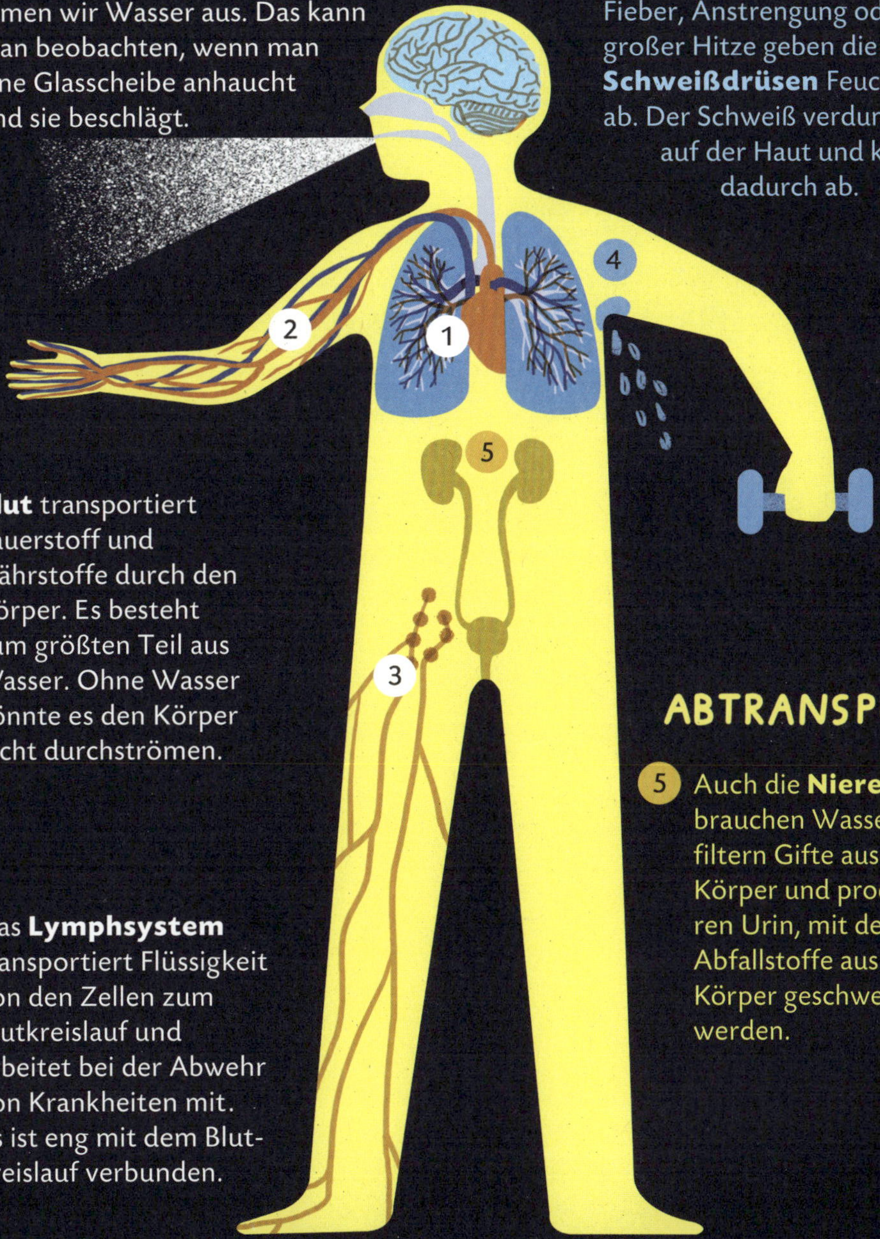

2 **Blut** transportiert Sauerstoff und Nährstoffe durch den Körper. Es besteht zum größten Teil aus Wasser. Ohne Wasser könnte es den Körper nicht durchströmen.

3 Das **Lymphsystem** transportiert Flüssigkeit von den Zellen zum Blutkreislauf und arbeitet bei der Abwehr von Krankheiten mit. Es ist eng mit dem Blutkreislauf verbunden.

ABTRANSPORT

5 Auch die **Nieren** brauchen Wasser: Sie filtern Gifte aus dem Körper und produzieren Urin, mit dem die Abfallstoffe aus dem Körper geschwemmt werden.

DAS AUFFÄLLIGSTE AN UNSEREM PLANETEN IST DAS VIELE WASSER.

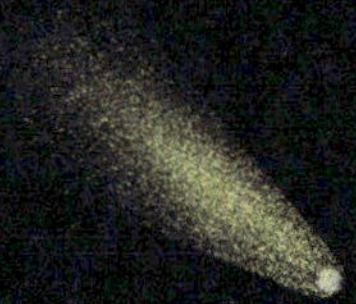

Zwei Drittel der Erdoberfläche sind von Wasser bedeckt. Es ermöglicht Leben, denn ohne Wasser gäbe es keine Pflanzen, Tiere oder Menschen. Auf keinem anderen Planeten in unserem Sonnensystem hat man bisher Meere, Flüsse oder Seen entdeckt.

Fast das gesamte Wasser auf der Erde (etwa 97 Prozent) ist Salzwasser. Nur der kleine Rest (3 Prozent) ist Süßwasser und damit trinkbar. Davon findet sich das meiste als Eis in Gletschern im Hochgebirge und an Nord- und Südpol. Ein weiterer großer Anteil des Süßwassers liegt als Grundwasser versteckt unter der Erdoberfläche. Flüsse und Seen machen nur einen sehr geringen Anteil der gesamten Wassermenge aus.

Das bedeutet, dass Wasser, obwohl es so viel davon auf der Erde gibt, sehr kostbar ist.

NORDPOLARMEER
ATLANTISCHER
OZEAN
SÜDPOLARMEER

WIE KAM DAS WASSER AUF DIE ERDE?

Wissenschaftler halten es für wahrscheinlich, dass es sich so zugetragen hat: Vor etwa 4,5 Milliarden Jahren war unsere Erde ein Feuerball im Weltall. Das mehrere Tausend Grad heiße Gemisch enthielt auch Wasserdampf. Einen Großteil des Wassers brachten aber Himmelskörper mit, die auf der Erde einschlugen.

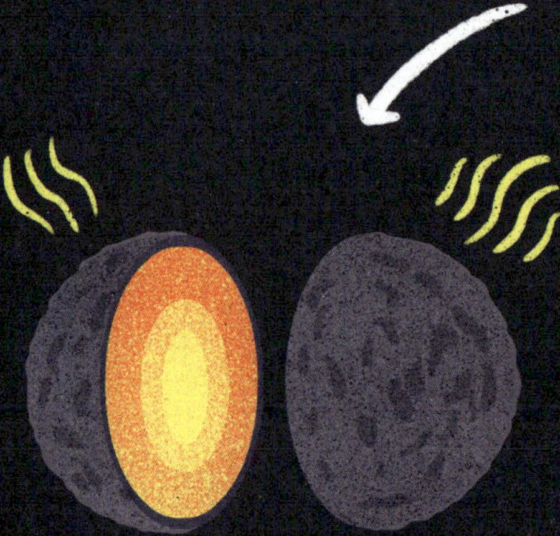

Mit der Zeit kühlte die Erde ab, das Gestein wurde zuerst fest – die Erdkruste war fertig. Sie war aber lebensfeindlich heiß.

Bis heute gibt es in der Erde einen heißen Kern, der von der Erdkruste umschlossen ist. Manchmal kommt über Vulkane heiße Lava an die Oberfläche.

Ein Teil des Wasserdampfs, der von der Erdkruste umschlossen war, entwich über Vulkane in die Atmosphäre. Die Erde kühlte weiter ab, irgendwann kondensierte der Wasserdampf zu Regentropfen. Es regnete und regnete, sehr stark und sehr lange: mehrere Zehntausend Jahre.
Bis heute sind große Mengen an Wasser im Innern der Erde gebunden, auch im Gestein. Man schätzt, dass es etwa drei Mal so viel wie in den Ozeanen sein könnte.

Außerdem schlugen immer wieder eisige Kometen ein und brachten zusätzlich Wasser.

WIE KAM DAS LEBEN AUF DIE ERDE?

Selbst als es später Wasser auf der Erde gab, herrschte noch großes Chaos. Strahlung aus dem All machte die Erdoberfläche lebensfeindlich. Das ist einer der Gründe, warum Forscher davon ausgehen, dass das Leben im Wasser entstanden sein muss.

Unter Wasser ging es ebenfalls chaotisch zu: Strahlung erhitzte die oberen Schichten, Blitzeinschläge brachten das Wasser regelmäßig zum Kochen.

Im Wasser gelöste Teilchen verbanden sich miteinander und wurden wieder getrennt. Zufällig entstanden so auch **Aminosäuren**, aus denen alles Leben auf der Erde aufgebaut ist.

Forscher fanden Hinweise auf Bakterien, die vor ungefähr 3,5 Milliarden Jahren auf der Erde gelebt haben müssen: **Cyanobakterien.**

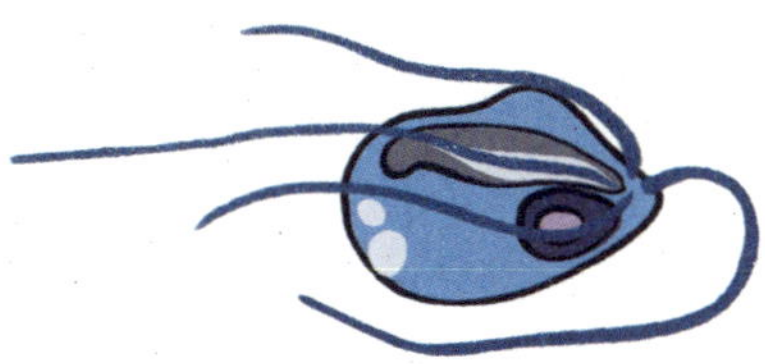

1,5 Millliarden Jahre später entwickelten sich **einzellige Lebewesen** mit echtem Zellkern. Auch Menschen bestehen aus vielen kleinen Zellen.

Nach den Einzellern entstanden erste **Mehrzeller**, die Vorfahren heutiger Schwämme und Quallen. Danach wurden die Lebewesen immer komplexer.

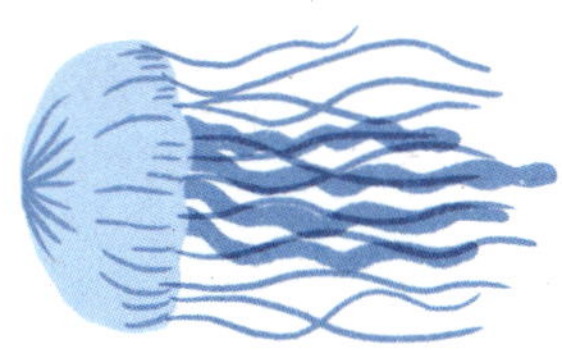

SCHON IMMER SUCHTEN MENSCHEN DIE NÄHE ZUM WASSER.

Wo Wasser ist, findet sich auch Nahrung, weil dort Pflanzen wachsen können. Daher bauten Menschen ihre Siedlungen vorwiegend an Flüssen, Seen und Meeren.

Menschen begannen dort Tiere zu halten und Nahrung anzubauen. Wasser war und ist für alle Lebewesen unentbehrlich.

Gleichzeitig bedeutete Wasser auch Gefahr. Wasserstellen zogen nicht nur Menschen und ihre Nutztiere an, sondern auch Tiere, die den Menschen gefährlich wurden. Auch im Wasser bewegen sich viele Tiere schneller fort. Das macht Menschen dort zu leichter Beute. Außerdem birgt Wasser die Gefahr des Ertrinkens.

WASSER HAT GANZ BESONDERE EIGENSCHAFTEN.

Das lässt sich an einem See im Sommer gut beobachten: Das Wasser an der Oberfläche ist relativ warm.

Taucht man nach unten, wird es dort kühler. Das ist so, weil kaltes Wasser schwerer ist als warmes Wasser und deshalb absinkt.
So weit verhält sich Wasser wie alle chemischen Stoffe: Werden sie kälter, nimmt ihre Schwere und Dichte zu.

Aber Wasser ist nicht wie die meisten chemischen Stoffe. Sinkt die Temperatur unter vier Grad, verhält Wasser sich plötzlich ganz anders. Es wird dann wieder leichter. Deshalb schichtet sich der See zum Winter hin um: Jetzt ist das wärmste Wasser unten, nämlich vier Grad am Grund, und wird nach oben hin immer kälter. Erreicht es eine Temperatur von null Grad, gefriert die Oberfläche. Dann kann man auf Seen oder Teichen Schlittschuh laufen. Das Eis bildet eine Schutzschicht auf dem Gewässer – und alles Leben und Gewusel unten hat bis zum nächsten Frühjahr seine Ruhe.

WASSER WIRD MIT EINER CHEMISCHEN FORMEL ABGEKÜRZT: H_2O

Wasser besteht aus Wasserstoff und Sauerstoff. An einen Sauerstoff klammern sich jeweils zwei Wasserstoffteilchen. Fertig ist der Grundbaustein des Wassers! Er wird auch **Wassermolekül** genannt.

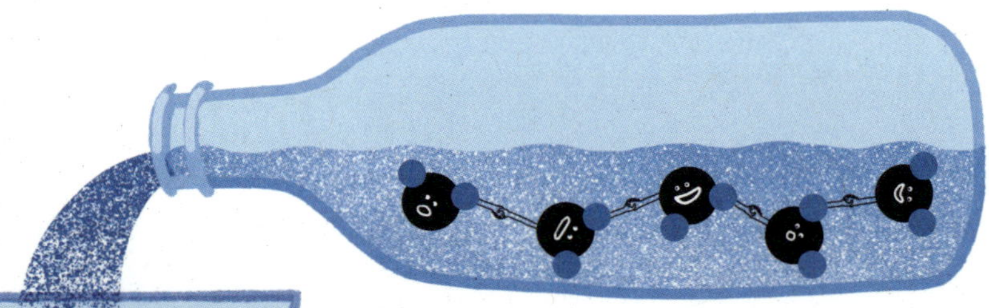

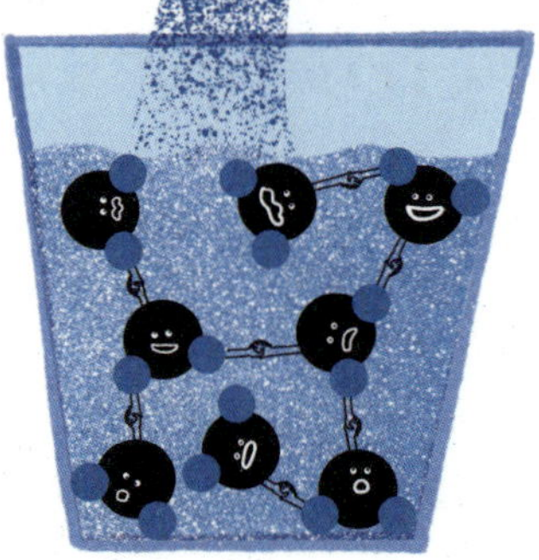

Wassermoleküle bilden untereinander sehr stabile Verbindungen (die **Wasserstoffbrücken**), mit denen sie sich gegenseitig festhalten. Deshalb bleibt Wasser bei Raumtemperatur flüssig und verdampft nicht.

WASSER KANN DREI UNTERSCHIEDLICHE ZUSTÄNDE HABEN:

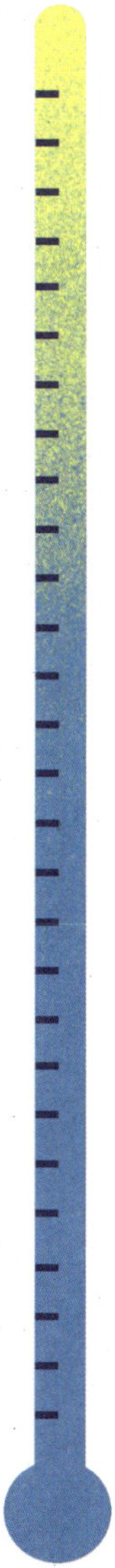

Erhitzt man Wasser auf über 100 Grad, dann kocht das Wasser und wird zu Dampf.

Bis zu 100 Grad ist es flüssig und Wasser.

Bei 0 Grad und weniger gefriert Wasser und wird fest. Dann ist es Eis.

AUF DER ERDE GIBT ES VERSCHIEDENE ARTEN VON WASSER.

In der Natur kommen Salz- und Süßwasser vor. Süßgewässer unterscheidet man in fließende und stehende Gewässer. Jedes bietet einen Lebensraum für unterschiedliche Pflanzen und Tiere.

Seen sind große stehende Gewässer, die ringsum von Land umgeben sind.

Meere sind Wasserkörper, die zum Teil von Land umschlossen sind, wie das Mittelmeer oder die Ostsee. Die riesigen Wasserflächen zwischen den Kontinenten heißen **Ozeane**: Atlantischer, Pazifischer und Indischer Ozean.

Ein **Bach** ist ein kleiner Fluss.

Ein **Tümpel** trocknet regelmäßig aus.

Ein **Fluss** mündet in einen größeren **Strom**, dieser fließt ins Meer.

Ein **Teich** ist klein, mäßig tief und hat einen Zu- und einen Abfluss.

Der **Weiher** ist ebenfalls klein und mäßig tief, hat aber keinen Zu- oder Abfluss.

WASSER IST AUF DER ERDE SEHR UNTERSCHIEDLICH VERTEILT.

In **gemäßigten Klimazonen** fallen zu allen Jahreszeiten Niederschläge.

Die **Tropen** liegen in der heißesten Gegend der Erde.

In manchen tropischen Gebieten regnet es oft monatelang nicht.

In anderen tropischen Regionen der Erde regnet es das ganze Jahr über sehr viel, dort wächst Regenwald.

Die **Polargebiete** sind Kältewüsten.

WIE HÄNGT DAS WASSER MIT DEM WETTER ZUSAMMEN?

Winde schieben Wolken vor sich her. Daher hängt von den Luftströmen ab, wo es überhaupt Niederschläge gibt. In Küstennähe regnet es häufiger als weiter im Land. An Bergen bleiben Wolken je nach Windrichtung hängen. Oft regnet es auf einer Gebirgsseite viel mehr als auf der anderen.

Auch Meere haben Einfluss aufs Wetter: Sie wirken wie gigantische Klimaanlagen. In heißen Monaten nehmen sie Wärme auf und speichern diese. So kühlen sie ihre Umgebung. In kalten Phasen geben sie die Wärme wieder ab.

Meeresströmungen transportieren Wärme sogar an andere Orte: Der **Golfstrom** zum Beispiel trägt warmes Wasser vom Äquator bis nach Nordeuropa. Für die nördlichen Länder wirkt er wie eine Heizung. Norwegen hat dank ihm warme Sommer. Grönland liegt etwa auf dem gleichen Breitengrad, ist aber meist von einer Eisschicht bedeckt.

AN MANCHEN ORTEN SCHNEIT UND REGNET ES FAST NIE.

Extrem trocken ist die **Atacamawüste** in Chile. Im Schnitt fällt dort etwa 0,1 Millimeter Regen pro Jahr. In Europa regnet es viel mehr.

ATACAMA-WÜSTE SAHARA EUROPA

Alle sechs bis zehn Jahre bringt das Wetterphänomen El Niño rauschende Regengüsse. Dann zeigt sich, dass das Leben dort überall auf der Lauer liegt und nur auf Wasser wartet: Ungefähr 200 Pflanzenarten wachsen plötzlich, die Wüste blüht blau, gelb und violett auf.

Im überwiegenden Teil der **Antarktis** sieht man zwar Schnee und Eis, so weit das Auge reicht. Doch etwa zwei Prozent der Antarktis sind Trockentäler, die seit Millionen von Jahren eisfrei sind. Orkane fegen mit bis zu 320 Kilometern pro Stunde über das Land, nur selten bringen sie etwas Schnee von den Gletschern mit. Die Temperaturen liegen im Winter bei –50 Grad Celsius, im Sommer klettern sie selten auf –10 Grad Celsius.

Die **Sahara** ist die größte Trockenwüste. Hier regnet es durchschnittlich immerhin 25 bis 45 Millimeter im Jahr – aber auch das reicht nur sehr wenigen Pflanzen und Tieren zum Leben. Außerdem weist die Sahara extreme Temperaturschwankungen auf. Tagsüber wird es im Sommer bis zu 60 Grad Celsius heiß, im Winter fällt die Temperatur nachts manchmal bis auf –10 Grad Celsius.

VIELE ORTE HABEN DIE MENSCHEN BEREITS STARK VERÄNDERT.

Der **Aralsee** in Zentralasien war einst einer der größten Seen der Erde. Sein Wasser bekommt er hauptsächlich aus zwei Flüssen, denen aber Menschen zur Bewässerung von Feldern seit Jahrzehnten viel Wasser entnehmen.

1960

HEUTE

Allein seit den 1960er-Jahren bis 1997 sank der Wasserspiegel dadurch um 18 Meter, seitdem schrumpft der Aralsee und wird immer kleiner. Frühere Hafenstädte, Bade- und Uferorte liegen mittlerweile in der Wüste, teilweise mehr als 100 Kilometer vom heutigen Ufer entfernt.

Die Stadt **Dubai** liegt am Meer und ist umgeben von Wüste. Früher lebten die Menschen von Perlenfischerei und dem Handel mit Perlen. Dann entdeckte man Erdöl und viele wurden reich.

Heute gibt es dort Golfplätze, Parks mit Wasserlandschaften und spektakuläre Brunnen. Das Wasser stammt überwiegend aus Anlagen, die Meerwasser entsalzen. Der Energieaufwand ist riesig, die Betreiber verfeuern dafür viel Gas.

Sogar Ski fahren kann man in Dubai: in einer großen Halle, die auf −2 Grad Celsius heruntergekühlt und künstlich beschneit wird.

FRÜHER WAR VIELES ANDERS.

Früher lebten viel weniger Menschen auf der Erde. Bis heute wächst die Weltbevölkerung jedoch stetig. Der Wasserverbrauch ist daher heute viel höher. Aber die Menschen lebten früher auch bescheidener und brauchten sehr viel weniger Wasser. Die Felder wurden nicht bewässert und Bauern mussten sich mit geringeren Erträgen zufriedengeben. Fiel nicht ausreichend Regen, verdorrten die Pflanzen.

Toiletten mit Wasserspülung gab es nicht. Die Menschen benutzten Plumpsklos.

Fließendes Wasser gab es kaum. Und wenn doch, dann kaltes. Am Badetag erhitzten die Menschen es auf dem Herd oder dem Ofen, das dauerte oft stundenlang. Weil das so mühsam war, badeten die Familienmitglieder nacheinander im gleichen Wasser.

Wäsche wurde oft nur einmal im Monat gewaschen. Das war harte Arbeit – die fast immer von Frauen erledigt wurde.

Über einem Waschofen wurde die Kleidung in kochendem Wasser eingeweicht.

Anschließend wurde die Wäsche mit Kernseife über ein Waschbrett gerieben, um den Schmutz zu lösen.

In einer Wanne mit frischem Wasser wurde die Wäsche dann ausgespült.

War ein Fluss in der Nähe, konnten die Frauen die Kleidung auch hier ausspülen. Das Flusswasser war im Winter bitterkalt. Vom kalten, aber auch vom heißen Wasser und der Kernseife wurden die Hände der Frauen rot und rissig. Oft waren die Schrunden gerade geheilt, da stand schon der nächste Waschtag an.

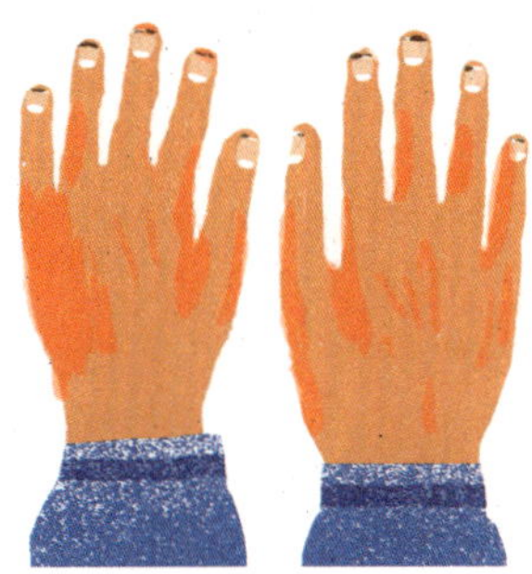

AUF DER ERDE GEHT KEIN WASSER VERLOREN.

Wasser zirkuliert und ist immer irgendwo: im Boden, in der Luft oder in den Gewässern der Erde.

Bei Wärme verdunstet das Wasser an der Oberfläche von Flüssen, Seen, Meeren und Ozeanen. Der unsichtbare Wasserdampf steigt sehr weit nach oben, kühlt dabei ab und lagert sich zu Wassertröpfchen zusammen. Viele Wassertröpfchen bilden eine Wolke, die immer größer und dunkler wird. Ist sie zu schwer, regnet es.

Regen, der auf Seen und Flüsse fällt, verdunstet dort oder gelangt zurück ins Meer.
Regen, der auf Felder, Wiesen und Wälder fällt, wird entweder von Pflanzen aufgenommen oder sickert in den Boden. Als Grundwasser strömt er zum Beispiel einem Fluss zu und ist damit ebenfalls Teil des Wasserkreislaufs.

Auch von Pflanzen und vom Boden verdunstet Feuchtigkeit.

Ein Teil des Wassers »entleihen« die Menschen dem Wasserkreislauf. In Wasserwerken wird es als Trinkwasser aufbereitet und in Klärwerken nach Nutzung wieder gereinigt.

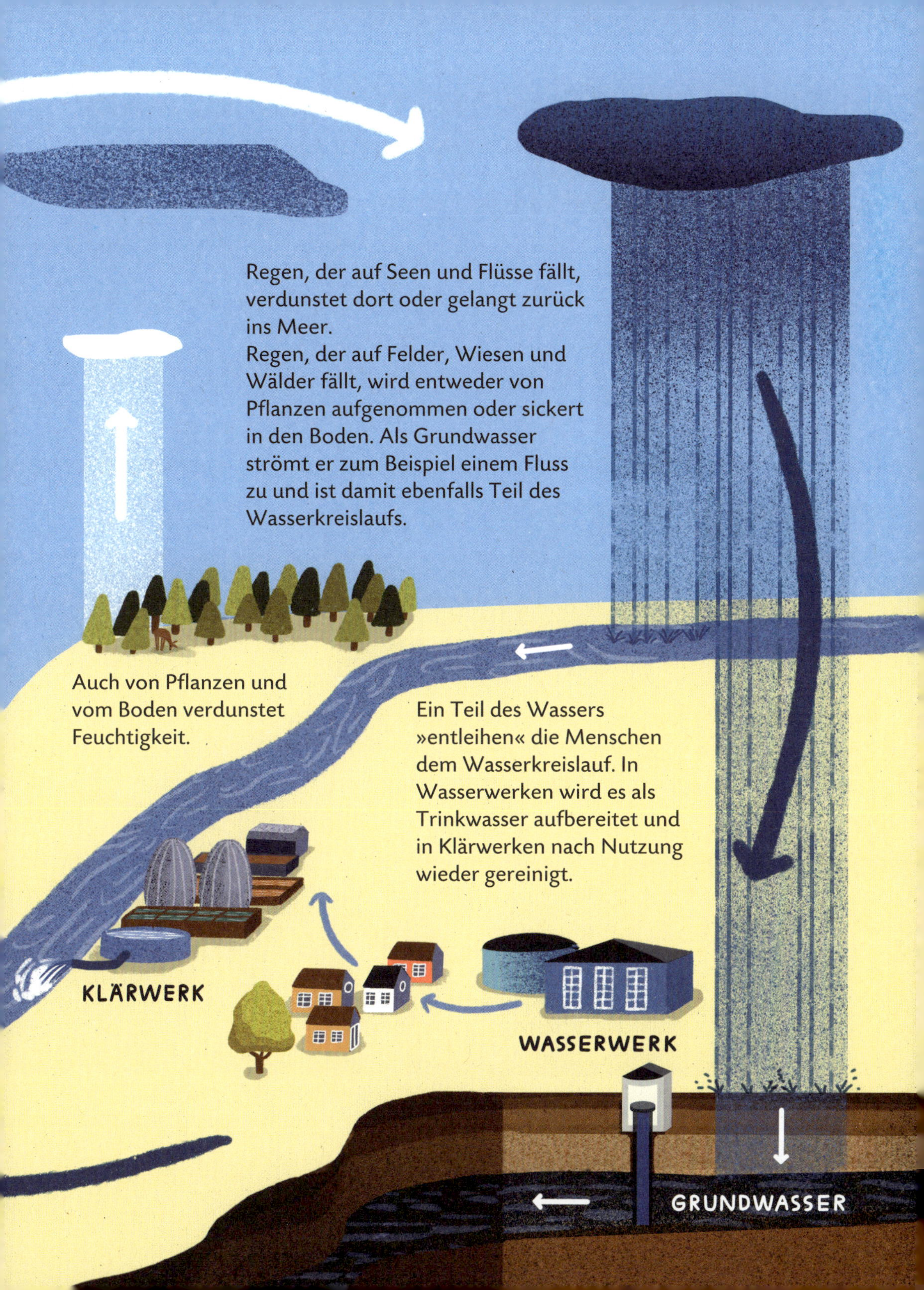

EINEN TEIL DES WASSERS KANN NIEMAND SEHEN, DA ES SICH IM BODEN BEFINDET: DAS GRUNDWASSER.

Es gelangt dorthin, indem Regenwasser einsickert. Wo das Wasser auf eine undurchlässige Schicht wie Lehm trifft, sammelt es sich. Je nachdem, wie der Boden beschaffen ist, versickert das Wasser mal schnell und manchmal nur sehr, sehr langsam. Es fließt durch Erde, Kies- und Sandschichten und sogar durch Gestein.

Wo Menschen leben, wird Grundwasser nach oben gepumpt, damit sie es nutzen können. In Deutschland stammen mehr als 70 Prozent des Trinkwassers aus Grundwasser.

Auch Grundwasser bewegt sich, häufig in Richtung eines Baches oder Flusses.

Oft fließt das Grundwasser durch kleine Klüfte. Im Gebirge gibt es teils sogar unterirdische Gänge und Höhlen, manchmal richtige Labyrinthe, durch die es rauscht.

IM WASSERWERK WIRD WASSER ZU TRINKWASSER AUFBEREITET.

Manche Wasserwerke entnehmen Wasser aus Flüssen oder Seen. Meist wird aber Grundwasser aufbereitet:

1. **Pumpen** transportieren es von weit unter der Erde nach oben.
2. Im **Oxidator** wird das Rohwasser mit Luft gemischt. Dadurch wird es sauberer.
3. Anschließend fließt das Wasser dann durch **mehrere Schichten Sand.** Verunreinigungen bleiben darin hängen wie in einem Sieb.
4. Im **Reinwasserspeicher** wird das saubere Wasser gesammelt. So ist auch morgens um sieben genug für alle da, wenn sehr viele Leute gleichzeitig duschen wollen.

Im Labor wird überprüft, ob das Wasser auch wirklich sauber ist. Manchmal wird Ozon oder Chlor zur zusätzlichen Reinigung eingesetzt.

Im Reinwasserspeicher muss man Schutzkleidung tragen, damit keine Bakterien in das saubere Wasser gelangen.

Von hier wird das saubere Wasser durch Rohre zu den Häusern geleitet.

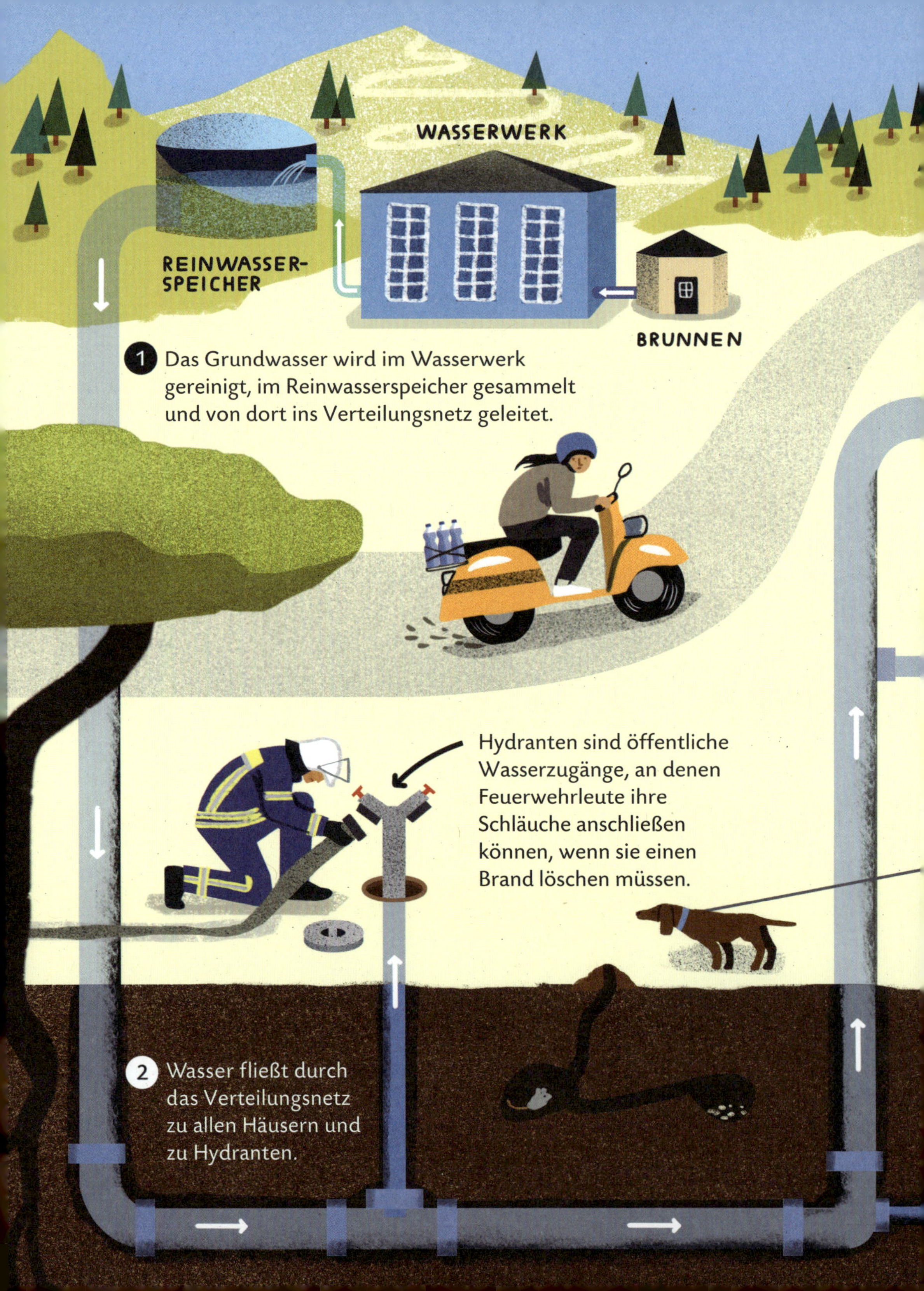

1 Das Grundwasser wird im Wasserwerk gereinigt, im Reinwasserspeicher gesammelt und von dort ins Verteilungsnetz geleitet.

Hydranten sind öffentliche Wasserzugänge, an denen Feuerwehrleute ihre Schläuche anschließen können, wenn sie einen Brand löschen müssen.

2 Wasser fließt durch das Verteilungsnetz zu allen Häusern und zu Hydranten.

3 Über ein unterirdisches Rohr fließt Wasser in die Anschlussleitung des Hauses.

4 Die Steigleitung bringt das Wasser aus dem Keller nach oben. Jede Etage hat eine Stockwerksleitung mit einzelnen Zuleitungen zu jedem Wasserhahn.

5 Liegt der Reinwasserspeicher höher als die von ihm versorgten Gebäude, treibt der Wasserdruck das Wasser auch in die oberen Stockwerke. Sind die Häuser höher, benötigen sie zusätzliche Pumpen.

UND WAS PASSIERT MIT DEM SCHMUTZIGEN WASSER?

In diesem Bogen steht immer Wasser und verhindert, dass Gerüche aus der Kanalisation in die Wohnung gelangen.

Abflussrohre transportieren benutztes und schmutziges Wasser in die Kanalisation. Manchmal sind die Abwasserkanäle für Regen- und Schmutzwasser getrennt, manchmal wird beides vermischt.

Das gesamte Abwasser fließt in die **Kläranlage**, die in vielen kleinen Schritten das Wasser reinigt.

1. **Rechen** fischen grobe Verschmutzungen aus dem Abwasser heraus.

2. Im **Sandfang** bleiben Sand, kleine Steine und Glassplitter hängen.

3. Im **Vorklärbecken** setzen sich weitere Feststoffe am Boden des Beckens ab. Der sogenannte Primärschlamm wird zum Faulturm geleitet.

4. Im **Faulturm** verrotten die Überreste weiter. Dabei entsteht Gas, dieses wird verbrannt und Energie erzeugt.

5. Im **Belebungsbecken** fressen Kleinstlebewesen wie Bakterien das, was noch an Schmutz im Wasser zu finden ist.

6. Im **Nachklärbecken** setzt sich der Schlamm mit den Bakterien ab, er wird von dort ins Belebungsbecken zurückgepumpt.

7. Das gereinigte Wasser wird in ein nahes Gewässer eingeleitet und so wieder ein Teil des Wasserkreislaufs.

AM MEISTEN WASSER WIRD IN DER LANDWIRTSCHAFT VERBRAUCHT.

Weltweit fließen etwa 70 Prozent des Wassers auf die Felder. Denn wo es wenig regnet, müssen die Felder künstlich bewässert werden. Dafür werden oft Bewässerungskanäle angelegt, die viel Wasser verbrauchen.

Woanders regnet es regelmäßig, sodass Äcker nur wenig bewässert werden müssen. Hier wird viel weniger Wasser verbraucht.

IN FAST ALLEN DINGEN STECKT WASSER.

Klar, dass Pflanzen und Tiere Wasser brauchen. Aber egal, was wir sonst noch kaufen: Kein Produkt kommt ohne Wasser aus.

Oft werden erst Rohstoffe wie Metall oder Kohle abgebaut, was schon Wasser verbraucht. Dann werden diese Rohstoffe bearbeitet, damit sie für Produkte verwendet werden können: Ohne Metall oder Plastik gäbe es zum Beispiel weder Handy noch Auto.

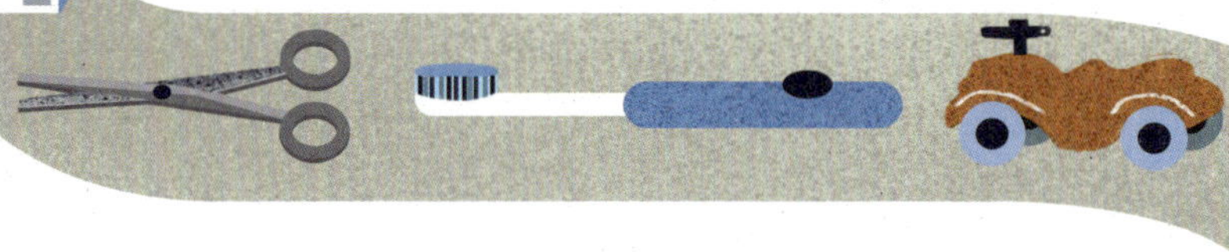

Wir brauchen aber auch Wasser für Stoffe, zum Beispiel für Kleidung.

Das Wasser, das zur Herstellung all dieser Dinge benötigt wird, nennt man »virtuelles Wasser«, weil man es nicht sehen kann, sondern es für die Produktion gebraucht wird. Und das bedeutet auch: Je mehr Dinge wir besitzen, umso mehr Wasser verbrauchen wir.

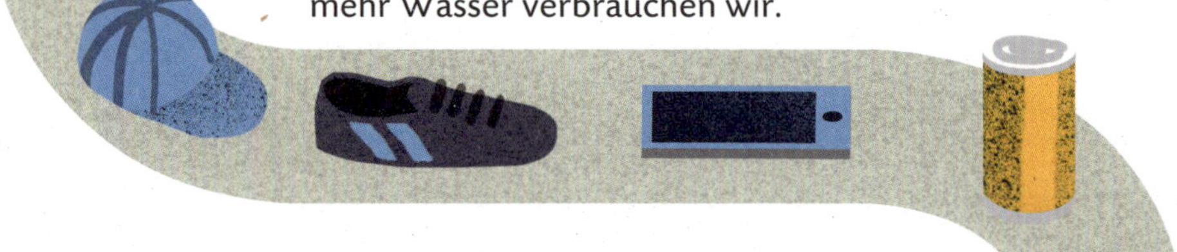

Ein Ei verbraucht ganze **200 Liter** Wasser. Das liegt vor allem am Futter, denn Weizen wächst nur, wenn er viel Wasser bekommt.

In einem Kilo Rindfleisch stecken mehr als **15 000 Liter** Wasser. Das wären etwa 75 volle Badewannen.

Die Herstellung einer Jeans kann mehr als **11 000 Liter** Wasser verbrauchen. Das ist mehr, als in einen normalen Gartenpool passt.

MANCHMAL VERBRAUCHEN MENSCHEN MEHR GRUNDWASSER, ALS NACHSTRÖMEN KANN.

Normalerweise fließt das Wasser, das Menschen nutzen, in den Wasserkreislauf zurück. Die Menge an Grundwasser bleibt also gleich. Wenn die Menschen aber zu viel Wasser verbrauchen, sinkt der Grundwasserspiegel. Das hat schlimme Folgen. Oft reichen schon wenige Zentimeter aus und Pflanzen mit flachen Wurzeln können sich nicht mehr mit Wasser versorgen.

GRUNDWASSER

Sinkt der Grundwasserspiegel weiter, fallen **Trinkwasserbrunnen** trocken. Außerdem werfen die Bäume zu früh ihr Laub ab, wachsen schlechter oder sterben sogar.

Die **Landwirtschaft** braucht mehr Wasser, um von oben zu gießen. Da sie das wiederum vom Grundwasser nimmt, verschärft sich das Problem.

Die Qualität des Wassers kann sich verschlechtern. Die Menge des Wassers nimmt zwar ab, aber die **Schadstoffe** werden nicht weniger.

Trocknet der Boden aus, gibt der Untergrund irgendwann nach und der Boden sackt ab. Häuser und Straßen bekommen **Risse.**

WEM GEHÖRT DAS WASSER?

Damit möglichst viele Menschen lange etwas von unserem Wasser haben, gibt es das **Wasserrecht.** Es legt fest, wie Grundwasser, Seen, Flüsse und Küstengewässer genutzt werden dürfen, aber auch, wie sie geschützt werden müssen. Oft geraten Menschen darüber in Streit. Die einen wollen Geld verdienen, die anderen wollen die Ressourcen der Erde erhalten, damit möglichst viele Menschen etwas davon haben.

Um Wasser gestritten haben Menschen schon immer. Alte Tontafeln zeigen, dass die Bewohner zweier Städte (die im heutigen Irak liegen) bereits vor mehr als 4000 Jahren ums Wasser kämpften. Beide nutzten das Wasser aus dem Fluss Tigris, um damit ihre Felder zu bewässern. Jede Seite fand, dass die jeweils andere zu viel Wasser verbrauchte.

Die Weltbevölkerung wächst und je mehr Menschen Wasser brauchen, umso häufiger kommt es zu Konflikten. 2014 schlossen die Vereinten Nationen (UN) ein globales Abkommen, das die Nutzung internationaler Wasserläufe regelt. Darin steht zum Beispiel, dass das Wasser möglichst gerecht und überlegt verteilt werden soll. Was »gerecht« bedeutet, das muss für jedes Gewässer einzeln bestimmt werden. Natürlich gibt es darüber immer wieder Streit.

MANCHMAL WIRD DAS WASSER KNAPP.

Stell dir vor, du drehst den Wasserhahn auf und es kommt kein einziger Tropfen raus. In manchen Ländern ist das heute schon Realität. Fachleute nennen den Tag, an dem das Wasser abgestellt wird, **»Day Zero«**, Tag null. Dann sind die Vorräte so wenige geworden, dass kein Wasser mehr an die Menschen verteilt werden kann.

Wenn das passiert, bringen Tanklaster kleine Rationen sauberes Wasser für die Anwohner.

Am meisten gefährdet sind Gegenden, in denen es sehr trocken ist und wenig regnet, vor allem in Indien, wo viele Menschen leben, aber auch in großen Teilen Mexikos, in Nordafrika und im Nahen Osten, zum Beispiel in Israel.

Verschärft wird Wasserknappheit durch den Lebensstil der Menschen in reichen Ländern. Egal, was wir kaufen, ob Lebensmittel, Handys, Spielsachen oder Kleidung: Alle Produkte verbrauchen in der Herstellung Wasser. Je mehr die Menschen kaufen, umso mehr Wasser wird verbraucht. Im Produktionsland wird Wasser dem Wasserkreislauf entnommen. Regnet es dort nicht ausreichend, sinkt der Grundwasserspiegel immer weiter, bis die Menschen keine Lebensgrundlage mehr haben.

Insgesamt lebt ein Viertel aller Menschen an Orten, wo mehr Wasser verbraucht wird, als in den natürlichen Kreislauf zurückfließt.

DER WEG ZUM WASSER KANN SEHR WEIT SEIN.

Zwar haben die meisten Menschen zumindest in der Nähe ihres Zuhauses einen Zugang zu Trinkwasser, aber selbstverständlich ist das nicht.

Viele Menschen auf der Welt trinken Wasser auch heute noch direkt aus Seen, Flüssen oder Kanälen.

Andere verwenden Brunnenwasser.

Oft müssen sie dafür kilometerweit laufen. Insbesondere für Kinder ist das bitter. Holen sie Wasser für sich und ihre Familien, bleibt ihnen weniger Zeit, um zu spielen oder zur Schule zu gehen.

Mehr als zwei Milliarden Menschen haben keine Toiletten, die wie bei uns die Ausscheidungen sicher entsorgen. Sie benutzen Plumpsklos oder Gruben. Bei Regen werden diese überschwemmt und der Unrat gerät überallhin, auch in die nächste Wasserstelle. So breiten sich Krankheiten schnell aus. Kinder trifft das besonders hart. Jährlich sterben viele Jungen und Mädchen an den Folgen von Durchfallerkrankungen.

DAS RECHT AUF WASSER IST EIN MENSCHENRECHT, DAS ALLEN ZUSTEHT.

Doch reiche Unternehmen kaufen Land mit Brunnen, Quellen und Grundwasservorkommen an verschiedenen Orten auf der Welt, um darüber bestimmen und damit Geld verdienen zu können.

Das trifft vor allem Länder hart, die regelmäßig unter Dürren leiden. Das Wasser gehört dann nicht mehr den Städten und Gemeinden, sondern einem einzelnen oder einer Firma. Das ist oft schlecht für die Bevölkerung. Häufig steigt der Wasserpreis nach dem Verkauf extrem.

In Cochabamba in Bolivien wurde der Wasserpreis nach der Privatisierung auf das 300-Fache erhöht. Das machte die Menschen dort so wütend, dass die Regierung die Wasserversorgung später wieder verstaatlicht hat.

Manche Firmen sparen am Ausbau des Leitungsnetzes. Viele Haushalte werden daher nie ans Wassernetz angeschlossen oder kaputte Rohre werden nicht repariert. Dann läuft viel wertvolles Wasser aus und versickert.

OHNE WASSER FEHLT DIE LEBENSGRUNDLAGE.

Können die Felder nicht mehr ausreichend bewässert werden, fällt die Ernte geringer aus.

Dann werden die Lebensmittel teurer. Nicht nur solche, die angebaut werden, sondern alle: Nutztiere brauchen auch Futter. Wenn das schlechter anzubauen ist oder teurer wird, steigt der Preis für Tierprodukte (Eier, Milch, Fleisch).

Oft verteuern sich aber auch andere Dinge, die Menschen brauchen oder haben wollen.

Für viele Menschen bedeutet das, dass sie mit ihrer Arbeit nicht mehr genug Geld verdienen, um sich und ihre Familien zu ernähren.

Wenn das Wasser so knapp ist, kommt es häufig auch zu Konflikten, beispielsweise zwischen Nachbarländern, die beide aus demselben Fluss Wasser entnehmen und darüber streiten, wem wie viel Wasser zusteht.

Die meisten Menschen lieben ihre Heimat. Werden die Lebensbedingungen für sie dort aber zu schlecht, müssen sie fortgehen und einen neuen Ort suchen, wo sie mit ihren Familien in Sicherheit leben können.

AUF DEM WASSER UNTERWEGS

Viele Dinge, die wir tagtäglich nutzen, werden von weit her zu uns transportiert. Der Löwenanteil davon wird auf Schiffen um die Welt geschickt. Die klassische **Schiffsroute** führt von Asien bis zu den größten Häfen Europas (Hamburg, Rotterdam oder Antwerpen).

Ein Containerschiff braucht für diese Reise bei besten Wetterbedingungen ungefähr einen Monat. Die Abgase belasten die Umwelt enorm. Die meisten Seeschiffe fahren mit Schweröl und stoßen viel Ruß und Schwefel aus, was gesundheitsschädlich ist. Viele Schiffsrümpfe sind mit Lacken bestrichen, die vor Wassertierchen schützen sollen. Im Wasser lösen sie sich mit der Zeit und ziehen giftige Spuren durch die Meere.

Oft bringen Schiffe »blinde Passagiere« mit. Meistens sind das Tiere, die sich an den Schiffsrumpf geheftet haben oder mit der Ladung unbemerkt zu uns kommen.

In Zukunft wird der Seeweg vielleicht kürzer. Schmilzt das Eis am Nordpol wegen des Klimawandels, könnten Schiffe die Route durchs Polarmeer wählen und kämen damit zehn Tage schneller ans Ziel. Dann wäre die Fahrzeit zwar verkürzt, aber ohne das Eis verändert sich das Klima auf der ganzen Welt.

Der Traum, über den hohen Norden nach Asien zu fahren, ist alt. Erstmals gelang dies 1879 dem Schweden Adolf Erik Nordenskiöld – er blieb allerdings im Packeis stecken und musste dort überwintern.

GEFAHR AUF HOHER SEE

Im 17. und 18. Jahrhundert segelten **Piraten** oft unter falscher Flagge, um sich einem anderen Schiff ungestört nähern zu können. Erst kurz vor dem Entern hissten sie die berühmte Piratenflagge mit Totenkopf und Knochen, um ihren Opfern Angst zu machen.

Später gab es Piraten immer seltener. Zum einen transportierte man wertvolle Güter ab dem 19. Jahrhundert zunehmend auf schnellen Dampfschiffen, die nicht mehr so leicht zu überfallen waren. Außerdem durften Piraten bis ins 19. Jahrhundert auf See jederzeit getötet werden.

Seit wenigen Jahren gibt es wieder mehr Piraten. Zum Beispiel in Somalia in Afrika, wo lange Jahre ein Bürgerkrieg tobte. Dort finden die Menschen kaum Arbeit. Vielen fehlt damit die Lebensgrundlage. Selbst Fischer sind arbeitslos, weil die Küstengewässer mittlerweile leer gefischt sind. Manche Menschen sehen ihren einzigen Ausweg darin, fremde Schiffe zu überfallen. Sie rauben die Fracht, zum Beispiel Fässer mit Erdöl, die sie dann weiterverkaufen. Manchmal entführen sie auch die Besatzung, um Lösegeld zu erpressen.

WASSER KANN AUCH BEDROHLICH SEIN.

Lange Zeit hielt man Geschichten über **Monsterwellen** auf offenem Meer für Quatsch. Heute weiß man: Es gibt sie wirklich und sie können so hoch sein wie Hochhäuser. 1995 beschädigte eine 33 Meter hohe Welle das Kreuzfahrtschiff Queen Elizabeth 2 schwer. Zum Glück wurde niemand an Bord verletzt.

Tsunamis werden durch Seebeben ausgelöst und türmen sich erst in Ufernähe auf. Mit riesiger Wucht trifft das Wasser aufs Land und überflutet alles. Fließt es zurück, zieht es die zertrümmerten Häuser, Autos, aber auch Menschen und Tiere mit sich. Ein besonders schlimmer Tsunami traf Asiens Küste im Jahr 2004 und tötete mehr als 231 000 Menschen.

Schieben starke Winde zusätzlich zur Flut viel Wasser Richtung Land, entstehen **Sturmfluten.** Sie sind so gewaltig, dass sie Deiche durchbrechen können und das Land überschwemmen. Eine besonders schwere Sturmflut gab es vor langer Zeit an der Nordsee: »Die Grote Mandränke« (großes Ertrinken) zerstörte im Jahr 1362 Inseln und große Teile des Festlands. Dutzende Dörfer verschwanden, es gab Zehntausende Tote.

Auch Flüsse können Hochwasser führen, etwa weil schnell viel Schnee schmilzt oder für längere Zeit heftiger Regen fällt. Das Wasser überschwemmt dann Städte und Dörfer. Sehr plötzliche Überschwemmungen nennt man **Sturzfluten.** Diese treten zum Beispiel auf, wenn der natürliche Damm eines Gletschersees bricht. Dann strömen Tausende Tonnen Wasser und Geröll aus dem See ins Tal.

Selbst sehr wenig Wasser kann gefährlich werden: Gefriert im Winter ganz plötzlich frischer Niederschlag, entsteht **Blitzeis** auf dem Asphalt. Binnen Sekunden kann so aus einem normalen Weg eine spiegelglatte Rutschbahn werden.

MENSCHEN VERÄNDERN DIE MEERE.

Neue Fangmethoden haben zur weltweiten **Überfischung** geführt. In manchen Gebieten gibt es daher kaum noch Fische.

Durch die Landwirtschaft gelangt **Dünger** ins Meer, der die Algen kräftig wachsen lässt. Sterben diese ab, werden sie von Bakterien zersetzt. Diese verbrauchen wiederum Sauerstoff. So entstehen riesige fast sauerstofffreie Regionen, in denen nur wenige Tiere überleben können. Denn auch Lebewesen unter Wasser brauchen Sauerstoff.

Ozeane nehmen einen Teil der schädlichen **Gase** auf, die Menschen durch Industrie und Transport verursachen. Dadurch werden die Meere saurer. Das greift viele Organismen an. Fische verlieren ihre Nahrungsgrundlage und verhungern. Außerdem zerfrisst das saure Wasser das Kalkskelett von Korallen und zerstört sie auf diese Weise.

VIEL MÜLL LANDET IM MEER.

Nicht überall auf der Welt gibt es Klärwerke und eine funktionierende Müllentsorgung. Insbesondere über die großen Flüsse wie den Jangtse in China und den Ganges in Indien gelangt viel Müll ins Meer, das meiste davon ist **Plastik.**

Fische und Seevögel verwechseln kleinere Plastikteile mit Nahrung und schlucken sie. Im schlimmsten Fall verhungern sie dann, obwohl ihr Magen voll ist.

Nicht mehr genutzte **Fischernetze**, sogenannte Geisternetze, treiben durchs Wasser. Schildkröten, Wale, Delfine und Haie verheddern sich darin und sterben jämmerlich.

Bis Plastik komplett zersetzt ist, können Hunderte Jahre vergehen. Winde und Strömungen verteilen den Müll über alle Weltmeere, trotzdem sammelt er sich in fünf riesigen **Müllstrudeln**. Der größte davon ist ungefähr so groß wie Mitteleuropa.

MIKROPLASTIK
(kleinste Plastikteilchen)

Viele Plastikstoffe enthalten **Gift**. Auch dieses gelangt ins Wasser. Fische und andere Meerestiere nehmen es auf – und letztlich auch wir, wenn die Tiere auf unseren Tellern landen.

SELBST AUF DIE TIEFSEE NEHMEN DIE MENSCHEN EINFLUSS.

Ab einer Wassertiefe von 200 Metern beginnt die **Tiefsee.** Sie bietet den größten Lebensraum unseres Planeten. Trotzdem zählt sie zu den am wenigsten erforschten Regionen der Erde.

Die tiefste Stelle der Erde ist der **Marianengraben.** Er zieht sich durch den westlichen Pazifischen Ozean und ist etwa 2400 Kilometer lang und 11 000 Meter tief. Selbst in dieser Tiefe fanden Wissenschaftler Spuren von Menschen: Mikroplastik.

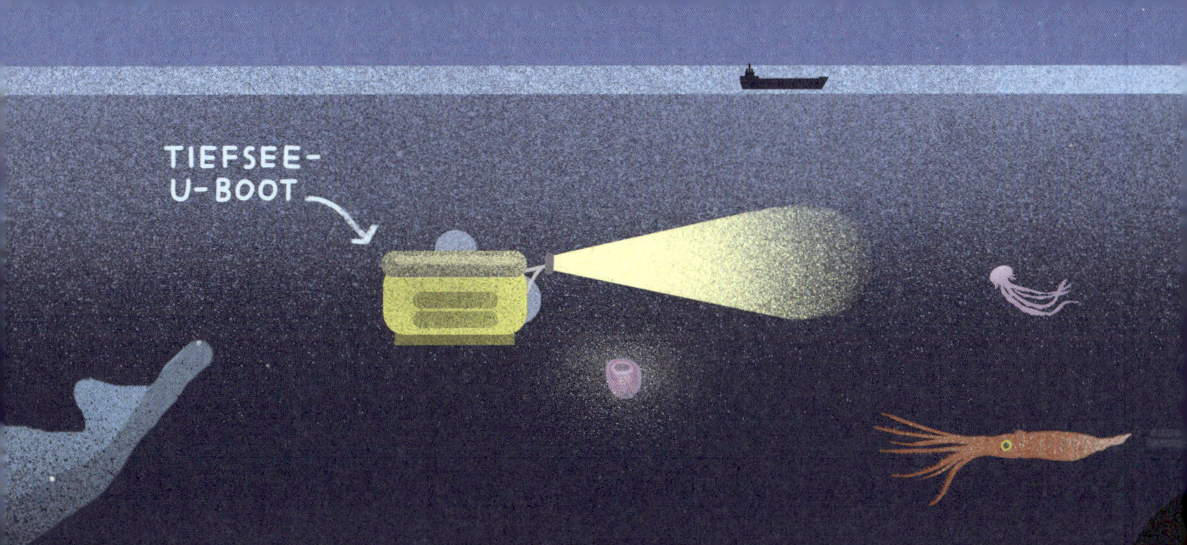

Obwohl in eine Tiefe unterhalb von 1000 Metern kein Lichtstrahl vordringt, gibt es hier Leben. Die Tiefsee ist allerdings ein sehr karger Lebensraum und nur dünn besiedelt. Die Wesen der Tiefsee haben sich ihrem Lebensraum angepasst.
Ab einer Tiefe von 700 Metern haben neun von zehn Lebewesen ihr eigenes Licht. Es lockt Beute und Partner an und verwirrt Feinde.

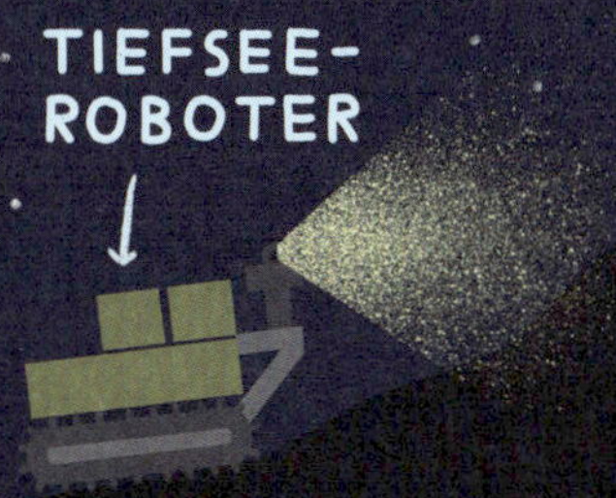

Die Tiefsee ist in Gefahr: Auf dem Meeresgrund lagern wichtige Rohstoffe. Einige Unternehmen erforschen bereits die Möglichkeiten des Tiefseebergbaus. Die ersten Untersuchungen zeigen, dass er viel Lebensraum zerstören würde. Eine andere Folge des Tiefseebergbaus könnte auch die ungewollte Freisetzung großer Mengen von Gasen sein, die aufsteigen und damit den Klimawandel beschleunigen

DAS KLIMA ÄNDERT SICH.

Die Erde ist von einer Schutzhülle umgeben, der Atmosphäre. Sie funktioniert wie ein Gewächshaus, dessen Glasfronten das Sonnenlicht hereinlassen, die Wärme aber zurückhalten. Dieses Phänomen heißt **Treibhauseffekt.** Wasserdampf ist das wichtigste Treibhausgas, es entsteht, wenn Wasser aufgrund der Sonneneinstrahlung verdunstet und nach oben steigt.

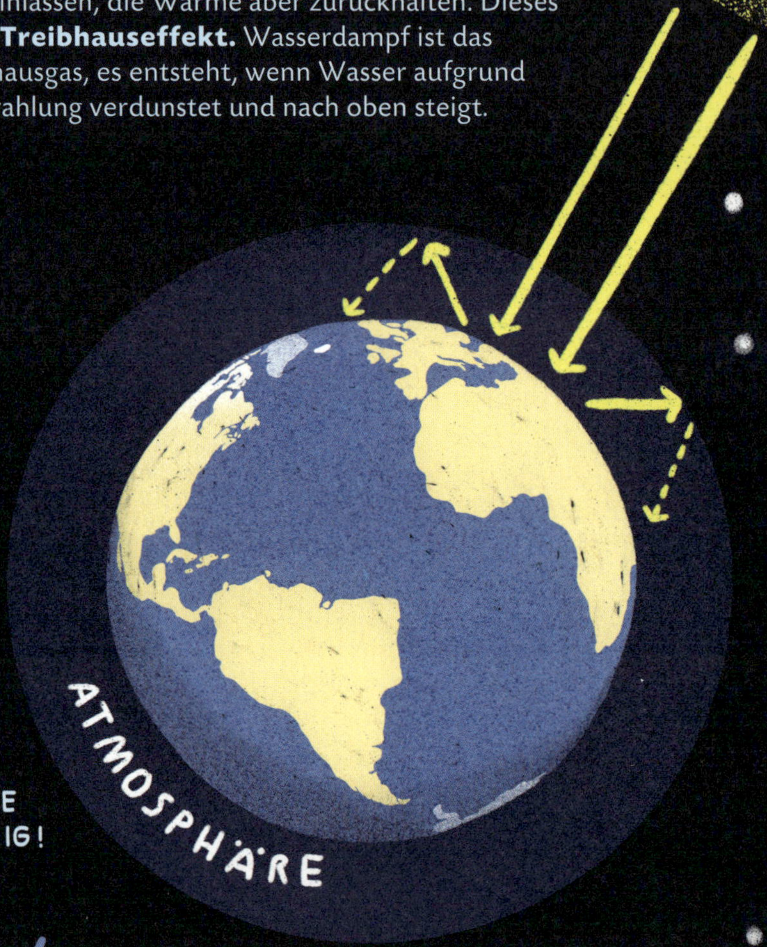

Ohne dieses natürliche Gewächshaus würde die Temperatur an der Erdoberfläche im Schnitt −18 Grad Celsius betragen. Dank der Atmosphäre sind es im Mittel +15 Grad Celsius.

Seit einigen Jahren beobachten Wissenschaftler zusätzlich einen menschengemachten Treibhauseffekt: Menschen verbrennen Rohstoffe wie Erdöl und schaffen neue Ackerflächen, indem sie Wälder niederbrennen. So gelangen mehr Gase in die Atmosphäre, die den natürlichen Treibhauseffekt verstärken. Sie halten Wärmestrahlung noch besser auf der Erde, die Oberfläche erwärmt sich. Dieser Klimawandel hat viele Folgen für die Zukunft.

DÜRREN UND STÜRME WERDEN HEFTIGER.

Man nimmt an, dass es zukünftig in wasserreichen Ländern noch stärker regnen wird. In wasserarmen Ländern dafür noch weniger.

Schon heute erleben Menschen in vielen Gegenden schlimme Dürreperioden. Dann regnet es über einen längeren Zeitraum so gut wie nicht und Ernten fallen aus. Schon immer haben Dürren zu Hungerkrisen geführt. Künftig wird das häufiger passieren.

Die Menschen in Indien spüren die Auswirkungen des Klimawandels heute schon. Die Regenzeit beginnt später und fällt weniger heftig aus als früher, die Grundwasserspeicher und Süßwasserbecken werden dadurch nicht wieder aufgefüllt.

Ernten fallen aus, weil die Felder nicht mehr genug Wasser bekommen.

In manchen Gegenden der Hauptstadt Delhi fällt der Grundwasserspiegel um zwei Meter pro Jahr.

DER KLIMAWANDEL FÜHRT AUCH ZU ÜBERSCHWEMMUNGEN.

Fällt nach einer Dürre starker Regen, sind die Böden so ausgetrocknet, dass sie zunächst kaum Wasser aufnehmen können – auf die Dürre folgt eine Überschwemmung. Auch Überschwemmungen vernichten Ernten.

Weltweit tauen wegen der Erderwärmung viele Gletscher. Menschen, die unterhalb der Eisflächen an Gebirgsflüssen leben, müssen immer häufiger mit Hochwasser und Überschwemmungen zurechtkommen. Irgendwann wird der Wassernachschub allerdings versiegen, weil kein Wasser mehr nachfließt. Dann entsteht ein neues Dürreproblem.

Der Meeresspiegel steigt zunehmend. Küstengebiete verschwinden im Wasser. Indonesiens Präsident hat angekündigt, dass sein Land die Hauptstadt verlegen will. Die derzeitige Hauptstadt Jakarta liegt zum Teil unterhalb des Meeresspiegels. Experten halten es für möglich, dass sie in den kommenden Jahrzehnten vollständig versinkt. Aufgrund der Veränderungen, die der Klimawandel bewirkt, müssen sich viele Menschen in der Zukunft wahrscheinlich eine andere Heimat suchen.

ZUM GLÜCK SIND MENSCHEN ERFINDUNGSREICH.

Reiche Länder bauen heute schon Dämme, um ihre Bewohner vor dem Anstieg des Meeresspiegels zu schützen.

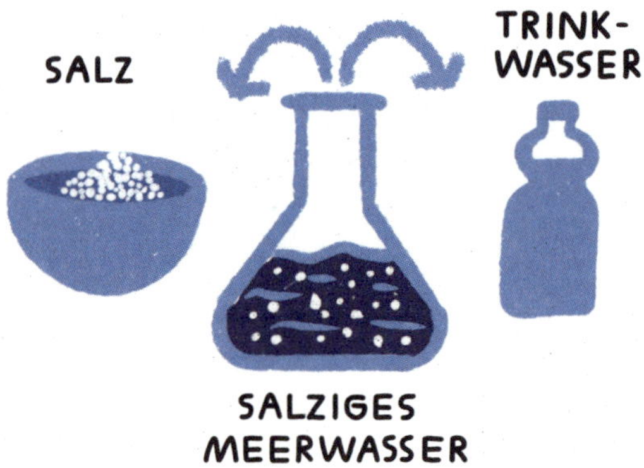

In Küstenländern entsalzen Anlagen Meerwasser, damit die Menschen nicht auf Regen angewiesen sind. Diese Prozesse sind jedoch teuer und kosten viel Energie.

Ökologen und Agraringenieure züchten Feldpflanzen, die mit wenig Wasser auskommen.

Perfekt gereinigtes Abwasser könnte direkt wiederverwendet werden. Auf der Internationalen Raumstation ISS funktioniert das heute schon. Dort ist Wasser so knapp, dass selbst Pipi wieder zu Trinkwasser aufbereitet wird.

In wasserarmen Gebieten bauen Menschen Vorrichtungen, in denen Regenwasser gesammelt und gespeichert werden kann.

Ingenieure arbeiten an Bewässerungssystemen, bei denen kaum Wasser verloren geht.

WASSERKRAFT IST EINE MÖGLICHKEIT, SAUBEREN STROM ZU ERZEUGEN.

»Sauber« bedeutet, dass zu seiner Herstellung kaum Rohstoffe verbraucht und keine schädlichen Abgase ausgestoßen werden. Wasserkraft deckt weltweit etwa 15 Prozent des Strombedarfs, wobei verschiedene Techniken zum Einsatz kommen:

Laufwasserkraftwerke nutzen Flusswasser, um Strom zu erzeugen. Ihre Leistung hängt vom durchströmenden Wasser ab und ist relativ konstant. Sie sind also nicht zum Ausgleich geeignet, wenn plötzlich mehr Strom gebraucht wird.

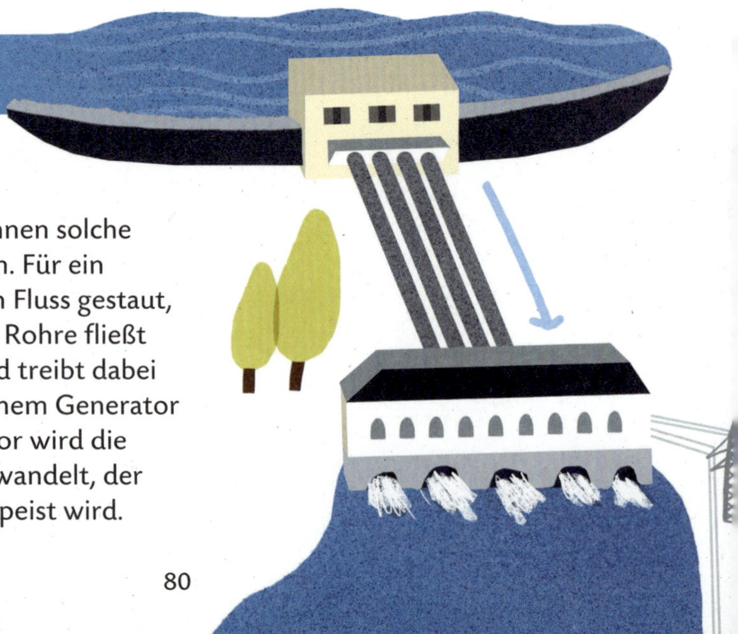

Speicherkraftwerke können solche Schwankungen ausgleichen. Für ein Speicherkraftwerk wird ein Fluss gestaut, ein Stausee entsteht. Über Rohre fließt das Wasser nach unten und treibt dabei eine Turbine an, die mit einem Generator verbunden ist. Im Generator wird die Bewegung in Strom umgewandelt, der dann ins Stromnetz eingespeist wird.

Für **Stauseen** sind allerdings massive Eingriffe in die Natur nötig. Extrem umstritten war der Bau der riesigen »Drei-Schluchten-Talsperre« in China. Sie ist etwa zwei Kilometer lang und 180 Meter hoch, also höher als der Kölner Dom.

Der entstandene See misst mehr als 600 Kilometer Länge, das entspricht etwa der Entfernung zwischen München und Hamburg.

Alle Dörfer und Städte, die dort lagen, wo sich nun der Stausee befindet, wurden überflutet. Mehr als eine Million Einwohner mussten ihre Wohnungen und Häuser verlassen und umziehen. Der Lebensraum vieler Tiere und Pflanzen wurde vernichtet. Das ist die Kehrseite dieser Art der »sauberen« Energie.

AUCH GEZEITEN UND WELLEN KÖNNEN STROM ERZEUGEN.

An der deutschen Nordseeküste steigt und fällt das Wasser binnen weniger Stunden um zwei bis vier Meter. In der Bay of Fundy an der kanadischen Atlantikküste beträgt der Unterschied über zehn Meter.

Zwei Kräfte sind für das Entstehen von **Ebbe und Flut** verantwortlich:

Löst sich ein Apfel vom Baum, fällt er wegen der **Anziehungskraft** der Erde nach unten.

Die **Fliehkraft** spüren wir zum Beispiel im Karussell, da drückt sie uns nach außen.

Ebbe und Flut entstehen, weil der Mond mit seiner **Anziehungskraft** das Wasser auf der Erde in seine Richtung zieht. So entsteht etwas, das man Flutberg nennt. Gleichzeitig steht die Erde aber nicht still, sondern dreht sich: So entsteht auf der mondabgewandten Seite der Erde durch die **Fliehkraft** ein zweiter Flutberg. Zwischen den beiden Flutbergen liegen Ebbetäler.

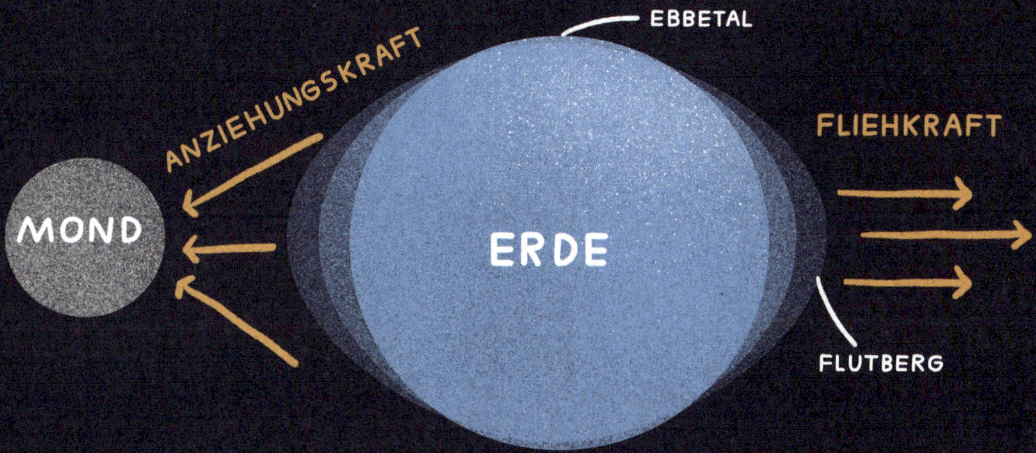

An den Küsten der großen Meere führt das zu permanenten Bewegungen: Im Wechsel läuft das Wasser auf und fließt wieder ab. Diese Strömungen nutzen Ingenieure für Gezeitenkraftwerke. Rotorblätter werden unter Wasser natürlich in Bewegung gesetzt. Ein Generator wandelt diese Energie in Strom um.

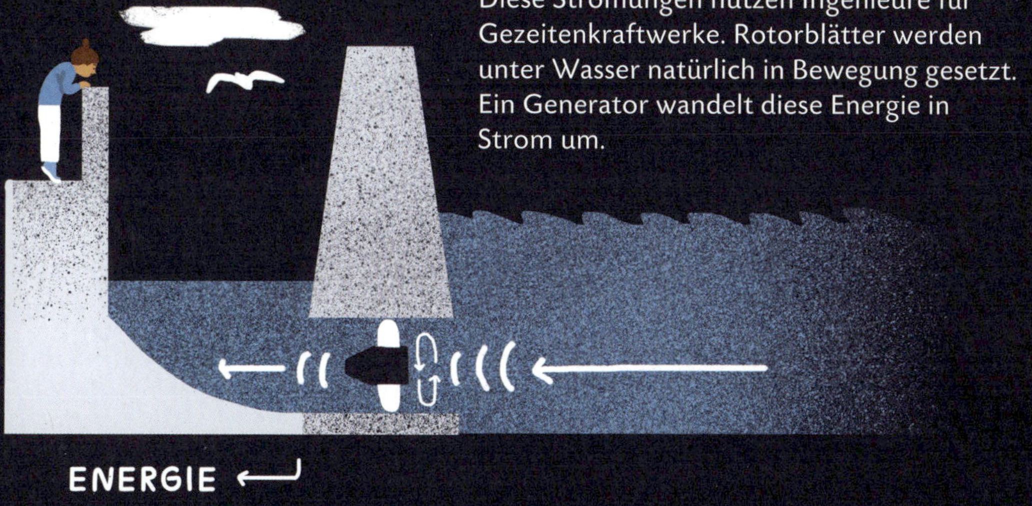

VIELE BERUFE HABEN MIT WASSER ZU TUN.

Alle Berufe können von Frauen und Männern ausgeübt werden.

Schwimmlehrer bringen Kindern (und manchmal auch Erwachsenen) das Schwimmen bei.

Bademeister passen auf, dass im Schwimmbad niemandem etwas passiert.

Wasserbauingenieure sind zuständig für Bauwerke, die mit Wasser zu tun haben. Das kann das Wasserwerk, das Klärwerk, aber auch ein Hafen oder ein Staudamm sein.

Kanalbauer verlegen Abwasserleitungen und überprüfen und reparieren bestehende Leitungen.

Wassermeister steuern und warten das Wasserwerk, das alle mit sauberem Trinkwasser versorgt.

Feuerwehrleute haben auf viele Arten mit Wasser zu tun. Sie löschen Brände, pumpen Wasser aus überfluteten Kellern und Unterführungen, schichten zum Schutz vor Hochwasser Sandsäcke auf und retten Menschen und Tiere, die im Winter ins Eis einbrechen.

Limnologen erforschen Seen und Flüsse.

Das gleiche Berufsbild gibt es natürlich auch am Meer: den **Meeresbiologen.**

Fischer laufen meist frühmorgens aus, um ihre Netze auszubringen.

Hafenarbeiter be- und entladen Schiffe, Lkws und Waggons im Hafen.

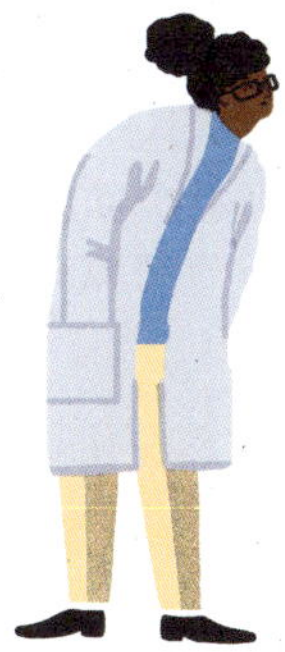

Mineralwasserfabriken arbeiten weitgehend automatisiert. **Techniker** sorgen dafür, dass das Befüllen der Flaschen reibungslos verläuft.

Matrosen erledigen alle Arbeiten, die auf einem Schiff anfallen.

Kapitäne steuern Schiffe – das können große Frachter mit Waren aus aller Welt sein, Kreuzfahrtschiffe mit Tausenden Touristen oder auch kleinere Ausflugsdampfer.

DAHEIM WASSER SPAREN

Wasser ist wertvoll. Sich das bewusst zu machen, ist sinnvoll. Überall auf der Welt.

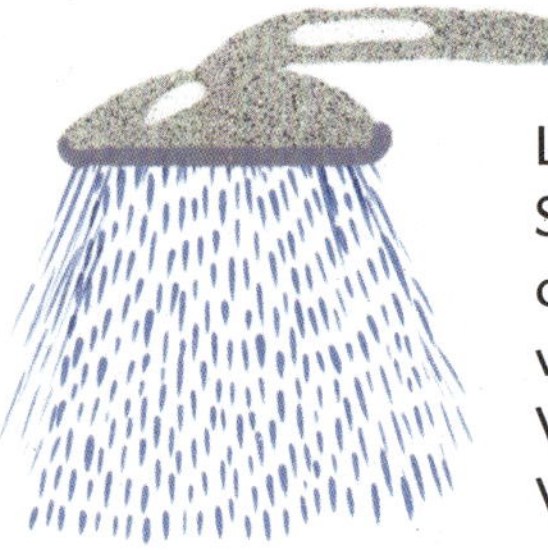

Lieber duschen statt baden – Sparduschkopf, Perlstrahler oder Durchlaufbegrenzer verwenden. Sie mischen dem Wasser Luft bei und erhöhen so Wasserdruck und -oberfläche.

Beim Händewaschen und Duschen: das Wasser während des Einseifens abstellen.

Tropfende Wasserhähne, kaputte Toilettenspülungen und leckende Duschschläuche schnellstmöglich reparieren.

Einen Zahnputzbecher benutzen und das Wasser nicht laufen lassen.

Spartaste der Toiletten-spülung nutzen.

Waschmaschine immer voll beladen.

Obst, Gemüse und Salat in einer Schüssel waschen, nicht unter fließendem Wasser.

Gartenbesitzer können Regenwasser in einer Tonne sammeln und ihre Pflanzen damit gießen.

Geschirrspüler und Waschmaschine im Ökomodus verwenden.

Gehen die Geräte kaputt, beim Neukauf wasser- und energiesparende Produkte wählen.

BEWUSSTES EINKAUFEN SPART WASSER.

Obst und Gemüse sollte man, wenn möglich, saisonal kaufen. Also zu der Zeit, wenn sie gerade wachsen. Außerdem sollte man Lebensmittel kaufen, die aus der Region stammen. Als Faustregel gilt: Je kürzer der Transportweg, umso umweltschonender ist er auch. Außerdem kommen viele Früchte, die uns aus dem Supermarkt vertraut sind, aus Gegenden, in denen sowieso wenig Wasser zur Verfügung steht.

Es ist leider fast unmöglich, ausschließlich Artikel aus dem eigenen Heimatland zu kaufen. Aber jeder kann sich fragen, ob er überhaupt so viel kaufen muss: das dritte weiße T-Shirt, schon wieder neue Filzstifte, noch mehr Spielsachen? Kaufe nur Dinge, die dir lange Freude bereiten. Manches lässt sich vielleicht auch gebraucht auf dem Flohmarkt oder über Kleinanzeigen finden.

Bücher kann man auch weitergeben und mehrfach nutzen. Denn für ihre Herstellung wird ebenfalls Wasser verbraucht.

BODENSCHUTZ IST AUCH TRINKWASSERSCHUTZ.

Den größten Teil unseres Trinkwassers gewinnen wir aus Grundwasser. Aber über die Böden können giftige Stoffe ins Grundwasser gelangen.

Obst, Gemüse, Eier, Geflügel und Fleisch aus ökologischem Landbau kaufen. Denn in der ökologischen Landwirtschaft sind chemische Pflanzenschutzmittel verboten, ebenso bestimmte Düngemittel.

Niemals Medikamente, Lacke, Farben, Batterien oder sonstigen Abfall in der Toilette entsorgen. Kläranlagen können Chemikalien und Arzneiwirkstoffe nicht vollständig entfernen. Apotheken nehmen Arzneien zurück. Lacke und Farben gehören in den Sondermüll. Batterien und Akkus kann man beim Verkäufer (zum Beispiel in vielen Drogerie- und Baumärkten) zurückgeben.

Brote sind in der Brotzeitbox gut aufgehoben – ohne zusätzliche Frischhaltefolie drum herum.

Im eigenen Garten auf chemische Pflanzenschutzmittel verzichten und Dünger sparsam verwenden.

Auto nur in der Waschanlage waschen.

Wasch-, Geschirrspül- und Putzmittel bevorzugen, die nicht in Plastik verpackt sind.

Viel Plastik landet in den Meeren. Damit sie nicht weiter vermüllen, müssen wir weniger Plastik verwenden. Obst und Gemüse möglichst unverpackt einkaufen und eine langlebige Einkaufstasche verwenden.

Kann man ein Grad Unterschied überhaupt spüren?

Kristina Scharmacher-Schreiber / Stephanie Marian

Wie viel wärmer ist 1 Grad?

Was beim Klimawandel passiert

Gebunden, 96 Seiten
Beltz & Gelberg (75469)

Kinder wollen verstehen, was Klimawandel bedeutet. In anschaulichen Bildern und kurzen Texten werden die Zusammenhänge erklärt: Warum gibt es auf der Erde verschiedene Klimazonen? Wie funktioniert der Treibhauseffekt? Woher weiß man, wie das Klima früher war? Es wird auch gezeigt, wie unser Handeln im Alltag das Klima beeinflusst.

www.beltz.de BELTZ & Gelberg